이 책을 _____ 님께 드립니다.

색칠하고 가위로 오리는 감성 놀이
## 종이인형 데일리룩 컬러링북

2015년 7월 25일 1판 1쇄 발행
2016년 2월 22일 1판 2쇄 발행

**지은이** 신소금
**펴낸이** 이상훈
**펴낸곳** 책밥
**주소** 121-883 서울시 마포구 독막로3길 8(합정동 412-19) 재성빌딩 2층
**전화 번호** 070) 7882-2312
**팩스 번호** 02) 335-6702
**홈페이지** www.bookisbab.co.kr
**등록** 2007.1.31. 제313-2007-126호

**기획 · 진행** 박미정
**디자인** 디자인허브
**마케팅** 오정옥

ISBN 979-11-952479-8-1 13630
**정가** 12,000원

저작권자나 발행인의 승인 없이 이 책의 일부 또는 전부를
무단 복사, 복제, 전재하는 것은 저작권법에 저촉됩니다.

**책밥**은 (주)오렌지페이퍼의 출판 브랜드입니다.

이 도서의 국립중앙도서관 출판예정도서목록(CIP)은 서지정보유통지원시스템 홈페이지(http://seoji.nl.go.kr)와 국가자료공동목록시스템(http://www.nl.go.kr/kolisnet)에서 이용하실 수 있습니다. (CIP제어번호 : CIP2015018517)

# 종이인형
# 데일리룩
# 컬러링북

신소금 지음

책밥

# Preface

따뜻한 봄볕 아래, 일곱 살짜리 두 여자아이가 앉아 있습니다.
둘은 방금 문방구에서 사 온 종이인형을 손에 들고
누가 먼저 오리나 시합을 합니다.
한 아이는 종이인형을 통째로 들고 거침없이 한 번에 오려 내고
한 아이는 차분하게 한 조각씩 잘라 낸 다음 신중하고 정성스럽게 오립니다.
종이인형 오리기 시합은 늘 거침없이 통째로 오리는 아이가 이기는 것으로 끝이 납니다.
하지만 다른 아이는 내기에서 졌다고 해서 자신만의 '오리기 방식'을 바꾸지 않습니다.
어쩌면 종이인형을 '오리는' 시간은 놀이 시간보다 더 즐겁고 긴장감 넘치는,
신성한 '의식' 같은 것이었는지 모릅니다.

종이인형을 통째로 들고 거침없이 오려 내던 그 여자아이는
수십 년이 지난 지금까지도 그렇게 그리움으로 종이인형을 모으고 그립니다.

혹시 저를 아는 많은 분들은 '바느질하는 사람이 웬 종이인형 책이야?'
하고 궁금해하실지 모르겠습니다만
오래전부터 만들고 싶었던
종이인형 책을 만들게 되어서 정말 설레고 행복했습니다.

그림을 한 장 한 장 모두 손으로 그리면서 일곱 살,
햇볕이 따뜻하게 내리쬐던 그 봄날을,
새 종이인형을 사기 위해 20원을 들고 문방구로 달려가던 그 설렘을,
사각사각 종이인형을 오리던 가위질 소리를,
와이셔츠 상자로 만들었던 집과 옷장을,
그리고 늘 목 뒷부분이 너덜너덜해져서 밥풀을 으깨 다른 종이를 덧대어 주었던
수많은 나의 종이인형들을,
늘 내 앞에 앉아 '오리기 시합'에 응해 주던 눈망울 고운 명희를……
참 많이 그리워했습니다.

이제 엄마가 되어 어디선가 예쁜 아이들과 함께 있을 당신에게,
아이와 함께 색칠하고, 오리고, 놀이를 하며
우리의 사각거리던 봄날을 기억할 수 있는 고운 시간이 되길 바라 봅니다.

2015년 봄날에
신소금

# Contents

/

How to make • 6

How to color • 8

How to draw • 9

How to make a closet • 10

How to play • 12

Looking around fashions • 16

엄마와 인사하기 • 21

봄이와 인사하기 • 23

/

**Gardening** | Paper dolls • 25

**Dress up** | Paper dolls • 27

**at the Market** | Paper dolls • 29

**A day on the beach** | Paper dolls • 31

**A summer day** | Paper dolls • 33

**Enjoy camping** | Paper dolls • 35

   Camping chair | Making • 37

   Camping table | Making • 39

   Camping car | Making • 41

**Sweet home** | Paper dolls • 43

   Home interior | Making • 45

**An autumn day** | Paper dolls • 47

**Take a trip** | Paper dolls • 49

**Winter** | Paper dolls • 51

**Weekend** | Coloring • 53

**Baking** | Coloring • 55

**Ballet school** | Coloring • 57

**Happy birthday** | Coloring • 59

**Rainy day** | Coloring • 61

**Chuseok** | Coloring • 63

**Happy halloween** | Coloring • 65

**Merry christmas** | Coloring • 67

   Christmas tree | Coloring & Making • 69

**Make up & hair styles** | Coloring • 71

**옷장 만들기** | Making • 73

**엄마와 다시 만나기** • 81

**봄이와 다시 만나기** • 83

# How to make

자, 이제 종이인형 놀이를 시작해 볼까요? 먼저 이 책은 스티커를 붙이는 책도 아니고, 손으로 뜯기만 하면 되는 책도 아니에요. 모두 가위로 사각사각 오려서 가지고 놀 수 있게 만든 종이인형 책이랍니다. 엄마가 된(혹은 옛날 종이인형을 추억하는) 우리가 어렸을 때처럼 말이죠. 넘겨 보면 아시겠지만 책의 앞부분은 이미 채색이 되어 있고, 뒷부분은 독자 여러분이 직접 색칠하고 꾸밀 수 있어요. 기존에 '안티 스트레스', '컬러 테라피'라고 해서 컬러링 북을 구입했는데, 복잡한 라인들을 칠하다가 오히려 스트레스를 받으셨다면 이 책은 즐겁게 색칠할 수 있는 난이도의 옷과 소품들을 수록했으니 걱정 마세요.

## 1

### 모든 외곽선은 가위로 오려요.

오리기 쉬운 부분도 있지만 손가락이나 머리카락처럼 어려운 부분도 있어요. 조심해서 신중하게 오리되, 너무 긴장하지는 마세요. 망칠까 봐 두려워 말고 난이도가 쉬운 것부터 아이와 함께 오려 보는 것을 권해요.

가위질이 소근육을 발달시키고 눈과 손의 협응력을 키워 준다는 것은 다들 알고 계시죠? 좀 삐뚤삐뚤해도 괜찮아요. 아이와 함께 색칠하고, 오리고, 노는 그 시간을 그냥 그대로 즐겨 보세요.

**tip**
인형의 몸과 옷을 오릴 때는 외곽선에 맞춰 오리면 돼요. 선 안쪽으로 오리는 것보다는 외곽선이 보이게 오리는 것이 예뻐요.

**tip**
의자나 테이블, 캠핑카 등과 같이 오린 다음 접어서 사용하는 것들은 검은색 선이 안 보이게 가위선 안쪽으로 오리는 것이 예뻐요.

## 2. 접는 선과 자르는 선은 이렇게 약속해요.

바깥으로 접는 선  ---------------
안쪽으로 접는 선  - - - - - - - -
가위로 자르는 선  ───────────

## 3. 가끔씩 칼로 오려 내야 하는 부분이 나와요.

아이에게 위험할 수 있으니 칼로 오려 내는 것은 꼭 엄마가 해 주세요.

## 4. 종이인형 옷 입히기.

종이인형과 인형 옷을 오렸다면 이제 예쁘게 입혀 봐야겠죠? 인형 옷이나 모자, 신발 등에 달린 '걸이' 부분을 뒤로 접고 인형 몸에 걸어 주세요.

# How to color 색칠하기

책 뒷부분의 인형과 옷, 소품은 색연필, 마카, 사인펜, 물감 등 다양한 재료를 이용해서 직접 색칠할 수 있어요.
아이와 엄마가 함께 패션 디자이너가 되어 보세요.

색칠을 마친 인형 옷과 소품은 가위로 잘 오려 주세요. 옷에 달린 '걸이' 부분을 접어서 종이인형에 입히면 재미있게 놀이를 할 수 있어요.

# How to draw 나만의 옷 그리기

## 옷 그리는 방법 01

1 가위로 오린 종이인형을 종이 위에 올리고 종이테이프를 붙여 고정합니다.
2 인형 몸 바깥쪽으로 원하는 디자인의 옷 라인을 그립니다.
3 옷을 몸에 걸 수 있는 '걸이' 부분을 그리는 것을 잊지 마세요.
4 종이인형을 떼어 낸 후 옷 라인의 안쪽을 마저 그리고 색칠해서 인형 옷을 디자인해 보세요.

## 옷 그리는 방법 02

1 종이인형을 고정하고 그 위에 트레이싱지를 올린 후 종이테이프를 붙입니다.
2 인형 몸 바깥쪽으로 원하는 디자인의 옷을 그립니다.
3 옷을 몸에 걸 수 있는 '걸이' 부분을 그리는 것을 잊지 마세요.
4 종이인형을 빼내고 옷이 그려진 트레이싱지를 종이 위에 고정합니다. 아래쪽에 먹지를 대고 트레이싱지 위의 라인을 따라 그립니다.
5 먹지와 트레이싱지를 떼어 내면 종이 위에 그려진 옷이 나타납니다.
6 예쁘게 색칠하고 오려서 연출합니다.

# How to make a closet 옷장 만들기

인형 옷을 보관할 수 있도록 옷장 만드는 방법을 수록했어요. 73~79쪽의 옷장 그림을 오린 후 11쪽의 설명을 참고해서 만들어 보세요. 아래 사진과 같이 옷장을 완성해서 인형 옷과 소품들을 보관하면 잃어버리는 것을 방지할 수 있고, 다음에 종이인형 놀이를 할 때에도 편리할 거예요.

1   옷장 바디 한 개와 두 개의 문, 한 개의 서랍장으로 구성된 그림을 오려서 옷장 만들 준비를 해 주세요.

2   실선을 따라 4개의 옷장 그림을 모두 가위로 오려 주세요.

3   오려 낸 서랍장은 그림과 같이 아코디언 모양으로 접어 주세요.

4   서랍장을 뒤집어 양쪽 끝과 아래쪽 끝에 풀칠해 주세요.

5   옷장 바디 아래쪽에 풀칠한 서랍장을 붙여 주세요.

6   두 개의 옷장 문 중에서 가로가 긴 오른쪽 문 중앙에 있는 세로 실선은 칼집을 내어 잘라 주세요.

7   오려 낸 두 개의 문을 뒤집어서 그림처럼 접은 다음 접힌 부분의 안쪽에 풀칠해 주세요.

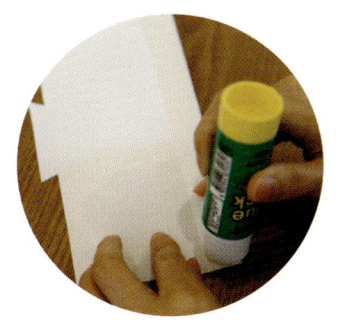

8   옷장 바디 양옆의 뒤쪽에 풀칠한 면을 붙여 주세요.

9   양쪽 문을 접어서 옷장 문을 닫은 후 그림처럼 끼워 주세요.

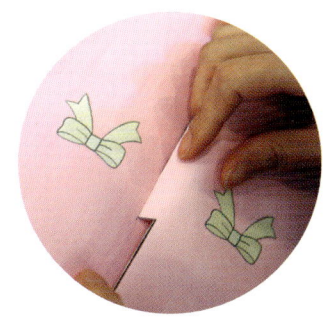

# How to play

## 캠핑을 떠나는 신나는 상상을 해 보아요!

캠핑카를 오린 후 접어 세우고
테이블과 의자도 접어 세우고,
다양한 소품으로 캠핑 분위기를 살릴 수 있어요.
천 조각을 깔아
돗자리로 연출할 수도 있고요,
빈 상자를 오린 종이에 나무를 그려 세워 주면
더 재미있는 캠핑장이 완성되겠죠?
짹짹짹 지저귀는 새들의 소리도 들리는 듯하고,
지글지글 맛있게 익어 가는
고기 냄새도 나는 것 같네요. 킁킁.

엄마, 배고파요.

그래, 잠깐만 기다려.

# 빈 상자로
# 예쁜 인형 집을
# 만들어 보아요!

빈 상자로 인형 집을 만들어 봤어요.
거창하지 않아도 좋아요.
조각난 자투리 천으로 커튼이나
캐노피를 만들어 달 수도 있죠.
바느질이 어렵다고요?
딱풀 하나면 간단하게 해결할 수 있어요.
천은 딱풀로도 정말 잘 붙거든요.
예쁜 잠옷을 입고 따뜻한 차와
조용한 음악이 흐르는 라디오도 준비했죠.

"엄마, 책 읽어 주세요."
재잘재잘 아이가 떠드는 소리가 들리는 듯하네요.
"일단 엄마 오이 마사지부터 하고."

아이가 그린 인형도
좋은 친구가 될 수 있어요.

# Looking around fashions

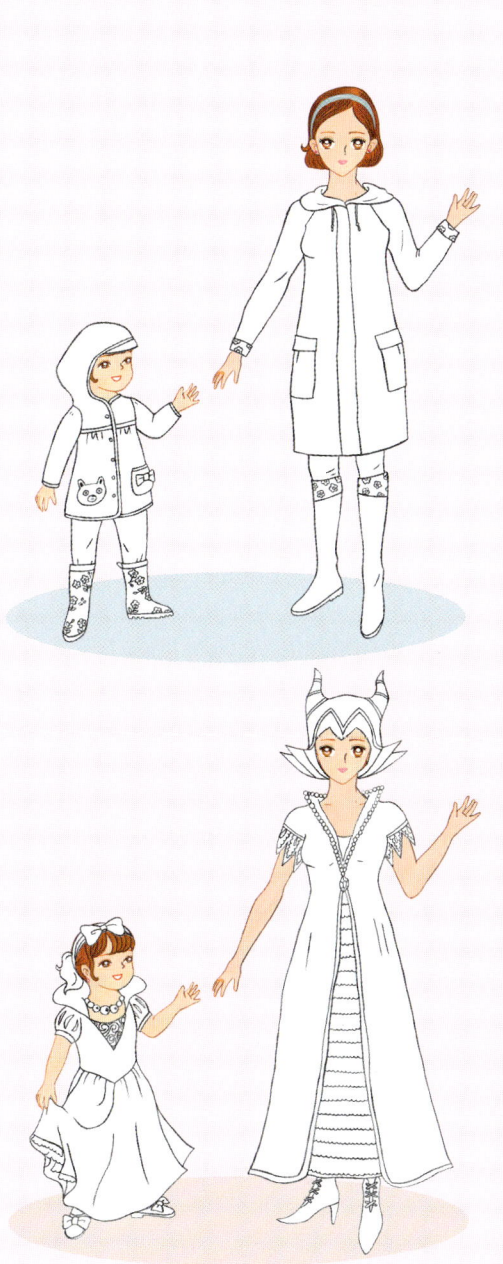

프리랜서 일러스트레이터이자
꽃, 커피, 그릇, 요리를 좋아하는 30대 주부예요.
요즘은 제법 얘기가 통하는 제 친구,
다섯 살 난 딸 봄이와 함께 쇼핑하는 것도 좋아하지요.

엄마와 인사하기

우리 딸 봄이예요.
그림 그리기를 좋아하는 꼬마 화가이고
수다쟁이, 놀이 대장이죠.
아침마다 입을 옷을 직접 고르겠다고 해서
저와 실랑이를 벌이기도 한답니다.

봄이와 인사하기

봄바람이 살랑살랑.
오늘은 작은 앞마당에
예쁜 꽃들을 심어 볼 거예요.
봄볕을 가려 줄 챙이 넓은 모자와 장갑은 필수 아이템!

# gardening

모자를 씌우기 위해서
이 부분을 오려주세요.

모처럼 잘 차려입고 외출해 볼까요?
엄마는 하늘하늘 원피스에 재킷을 걸쳐 입고,
우리 꼬마 숙녀는 아끼는 목걸이로 포인트를 줬어요.

# dress up

에코백과 슬립온 차림으로 가볍게 장 보러 가요.
아이 원피스를 만들고 남은 천으로
제 스카프를 만들어 봤어요.

# at the market

햇볕이 내리쬐는 해변에서는 줄무늬 래시가드 위에
비치 드레스를 걸쳐 봐요.
챙 넓은 모자와 선글라스도 필수!
우리 꼬마 숙녀도 모래 놀이에 신이 났네요.

# a day on the beach

더운 여름엔 아이스 아메리카노!
가볍게 클러치 백을 들고 페도라로 멋을 내 봐요.
꼬마 숙녀는 화사한 꽃무늬 슬리브리스 원피스로 상큼 발랄하게!

# a Summer day

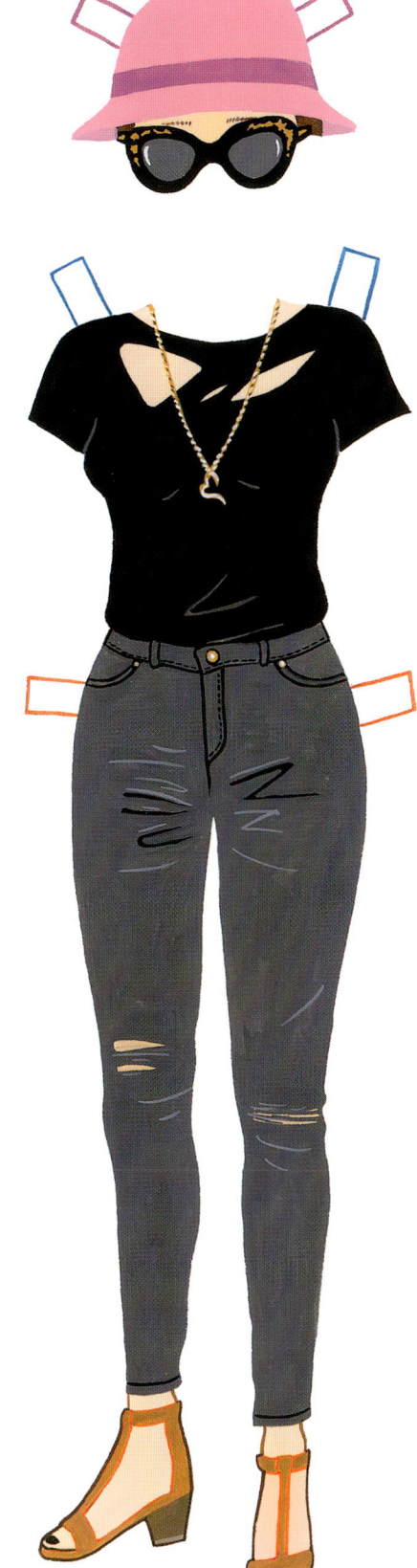

신나는 캠핑을 떠나요.
옆으로 멘 가죽 가방과 시원해 보이는 대나무 가방은
캠핑룩을 완성해 주는 아이템이죠.

# *Enjoy* *Camping*

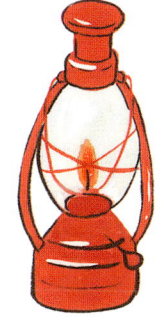

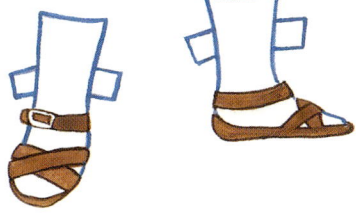

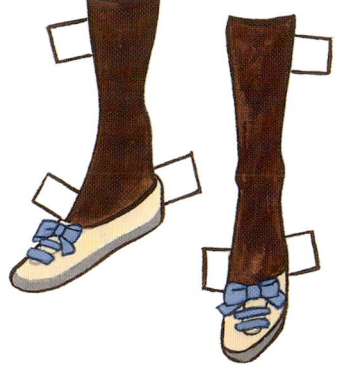

# Camping chair

실선을 따라 오린 후 ⓐ와 ⓐ'를 맞춰서 끼우고 세워 주세요.

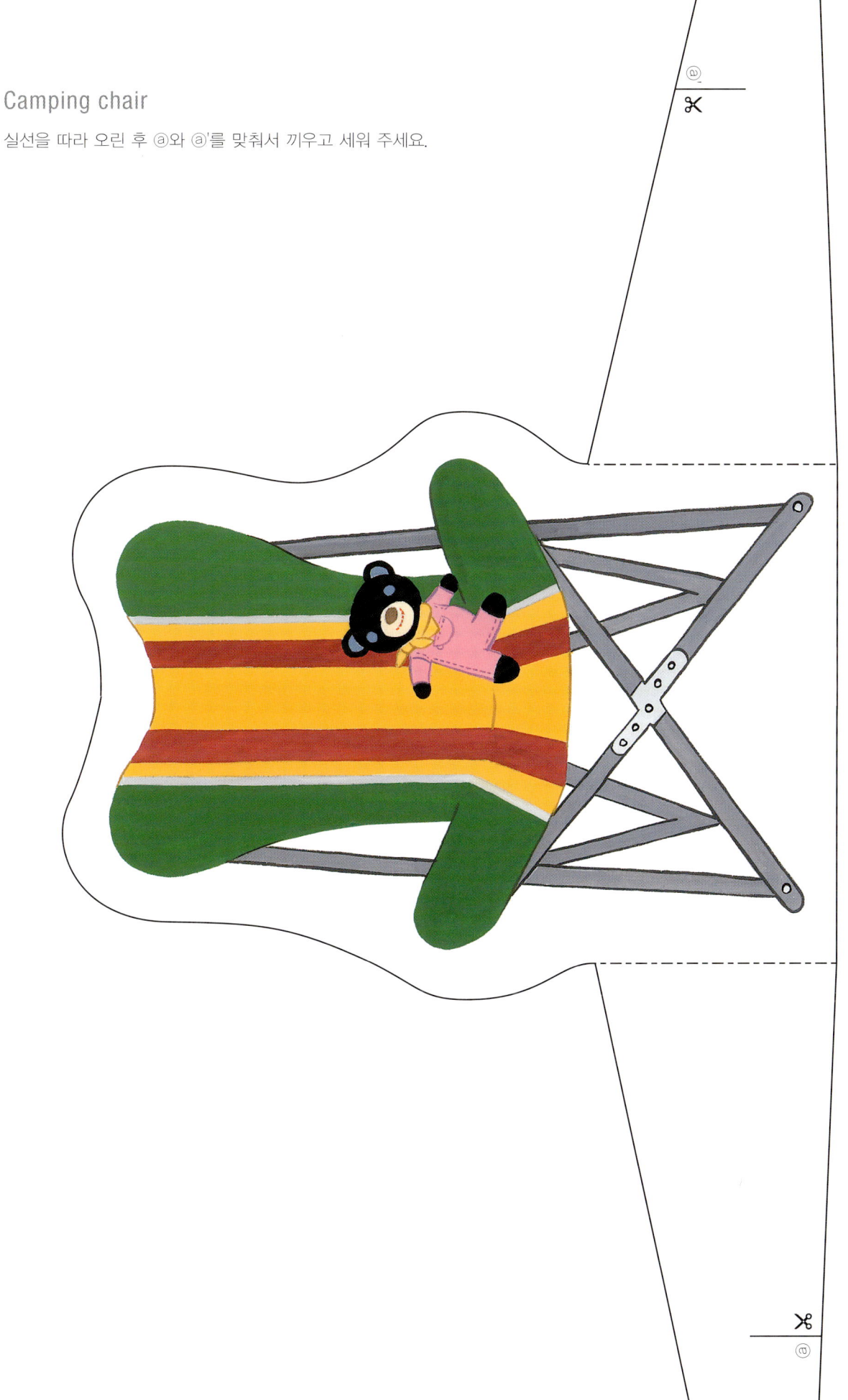

# Camping table

가위로 오린 후 접는 선에 따라 바깥으로 접어서 세워 주세요.

잠들기 전 동화책을 읽어 주며 살을 맞대고 키득대는 시간이
하루 중 제일 행복한 시간이에요.
오늘 밤 꼬마 천사는 곰돌이 잠옷을, 저는 딸기 잠옷을 입어 봤어요.

Home interior

우리 꼬마 숙녀와 커플룩으로 롱스커트를 입어 봤어요.
스트라이프 티셔츠에 카디건을 입고 스카프를 둘러 주었죠.
다소 심심해 보일 것 같다면 양쪽 양말을 다르게 신겨 보세요.

# an Autumn day

모처럼 비행기 타고 여행을 갈 거예요.
연예인은 아니지만 우리도 나름 공항 패션!
멋 내지 않은 듯 은근히 멋스럽게.

# take a trip

추운 겨울날, 아이들에게는 따뜻한 푸퍼가 최고죠.
화려한 꽃무늬 푸퍼에 맞춰 루피망고 모자와 목도리는 제가 떠 주었어요.
저도 좀 튀는 핑크 롱 코트를 입어 봤어요.
겨울이라고 무채색만 입기는 지루하니까요.

# winter

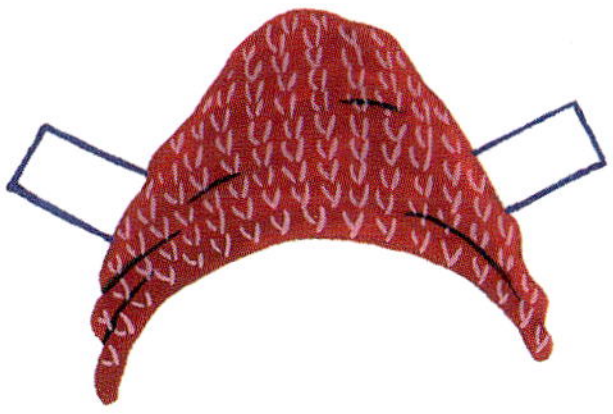

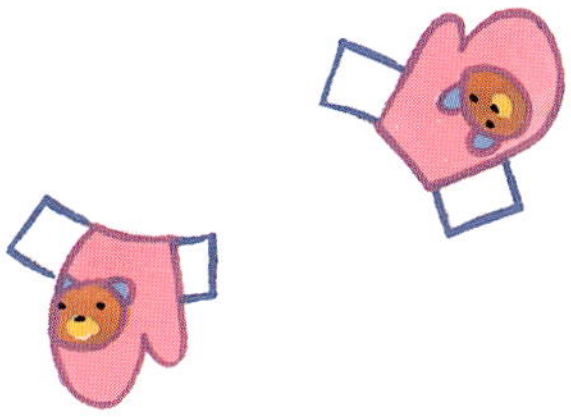

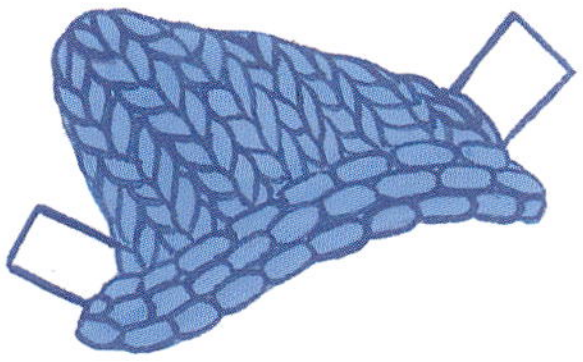

신나는 주말.
우리는 킥보드를 타러 갈 거예요.
귀찮아도 안전 장비는 꼭 챙기기!

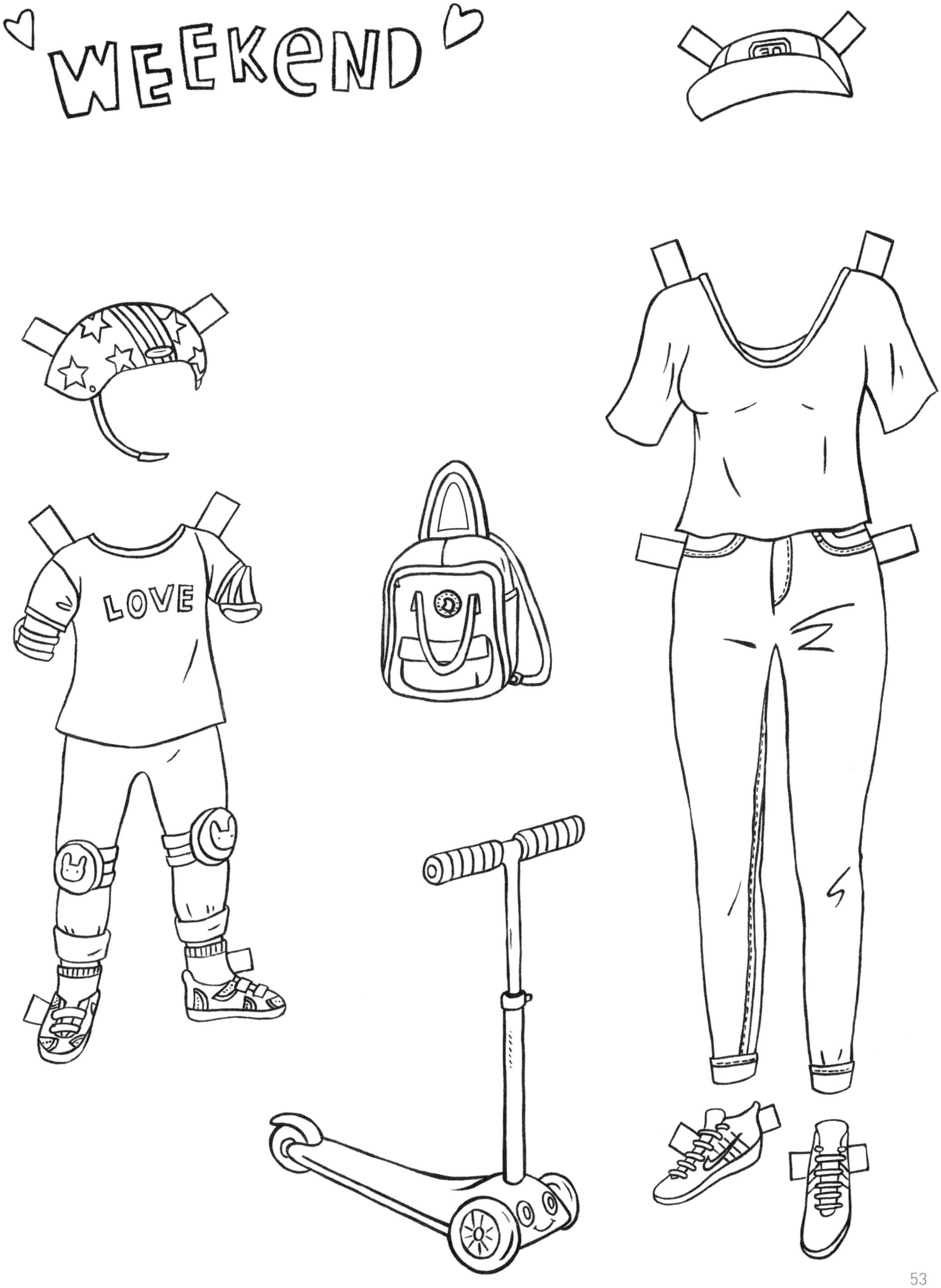

# WEEKEND

우리 딸이 제일 좋아하는 베이킹 타임.
오늘은 달콤한 초콜릿 머핀과 당근 케이크를 구워 볼 거예요.
베이킹을 할 때 앞치마는 필수겠죠?

요즘 우리는 함께 발레를 배우러 다녀요.
아직은 좀 어색하지만,
그래도 제법 폼은 나지 않나요?

# Ballet School

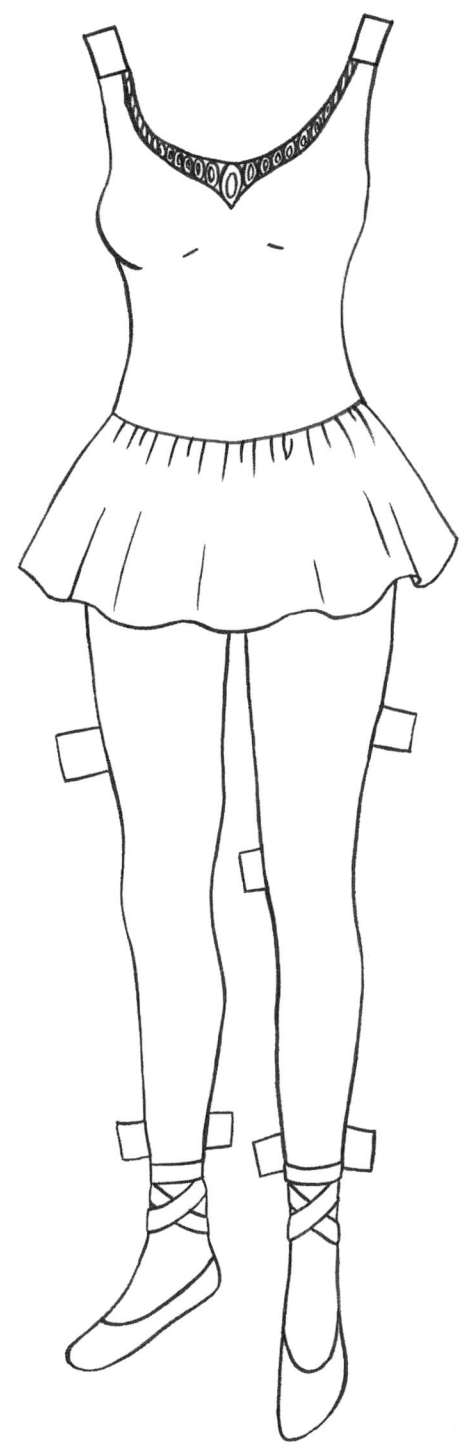

오늘은 우리 공주님 생일.
예쁘게 케이크를 만들고 풍선으로 장식을 해요.
오늘의 주인공은 큰 리본이 달린 드레스에 목걸이를 두 개나 걸고,
예쁜 왕관도 썼답니다. 그나저나 선물은 무엇일까요?

# HAPPY ★ BIRTHDAY

후드득후드득.
비 오는 날이 좋아요.
비 오는 날, 함께 우산을 쓰고 산책하는 것이 좋아요.

# RAINY DAY

오늘은 예쁘게 한복을 입고
할아버지, 할머니 댁에 갈 거예요.
한복은 정말 멋진 옷인 것 같아요!

# chuseok

해피 핼러윈!
꼬마 숙녀는 백설공주로, 엄마는 마녀로 변장해 봤어요.
"거울아, 거울아, 세상에서 누가 제일 예쁘니?"

Happy halloween

메리 크리스마스!
오늘 우리는 크리스마스 파티에 갈 거예요.
어떤 신나는 일이 일어날지 정말 기대돼요!
오늘 밤 산타 할아버지는 어떤 선물을 가져다주실까요?

Merry Christmas

# Christmas tree

실선을 따라 오린 후 ⓐ와 ⓐ', ⓑ와 ⓑ' 부분을 맞춰서 끼우고 세워 주세요.

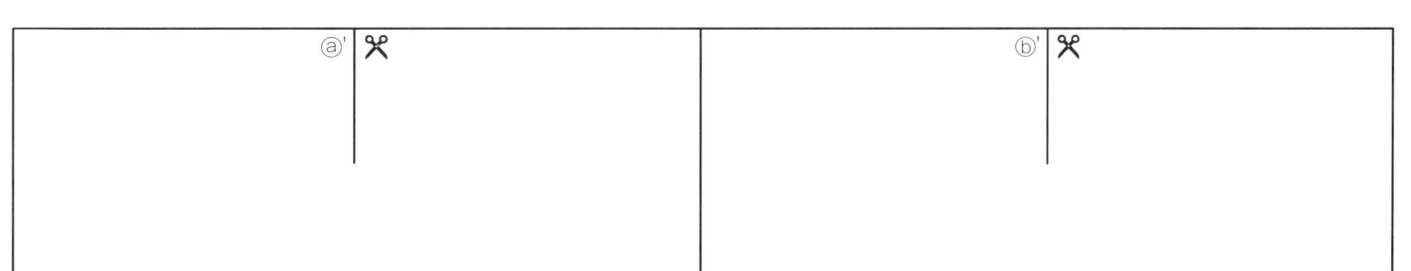

# make up & hair styles

| 엄마의 메이크업 | 엄마의 헤어스타일 | 봄이의 헤어스타일 |
|---|---|---|
|  |  |  |
|  |  | 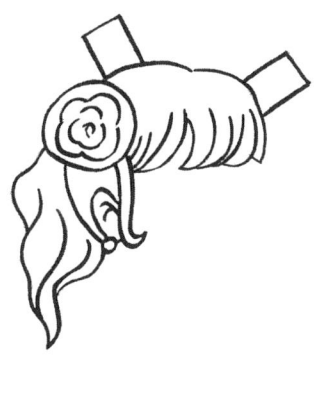 |
|  |  |  |

재미있게 놀았나요?
옷장을 만들어 가지고 놀던 인형 옷을 정리해 보아요!

옷장 만들기 〈옷장〉

옷장 만들기 〈왼쪽 문〉

뒷면에 풀칠하세요

풀
칠
하
는

곳

## 옷장 만들기 〈오른쪽 문〉

풀
칠
하
는
　곳

옷장 만들기 〈서랍장〉

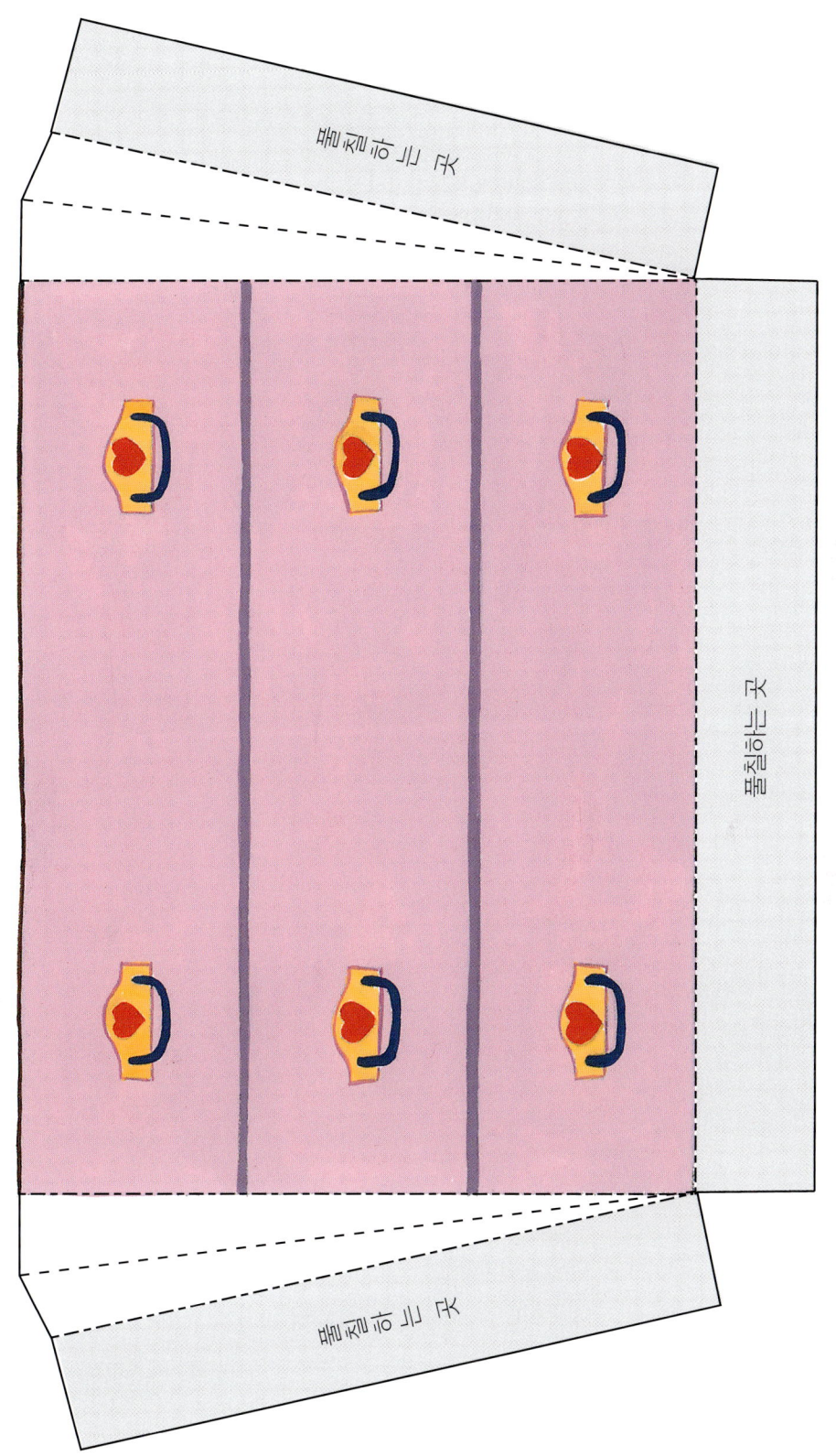

**엄마와 다시 만나기**

인형을 잃어버렸더라도 걱정하지 마세요!
엄마 인형을 한 장 더 드립니다.

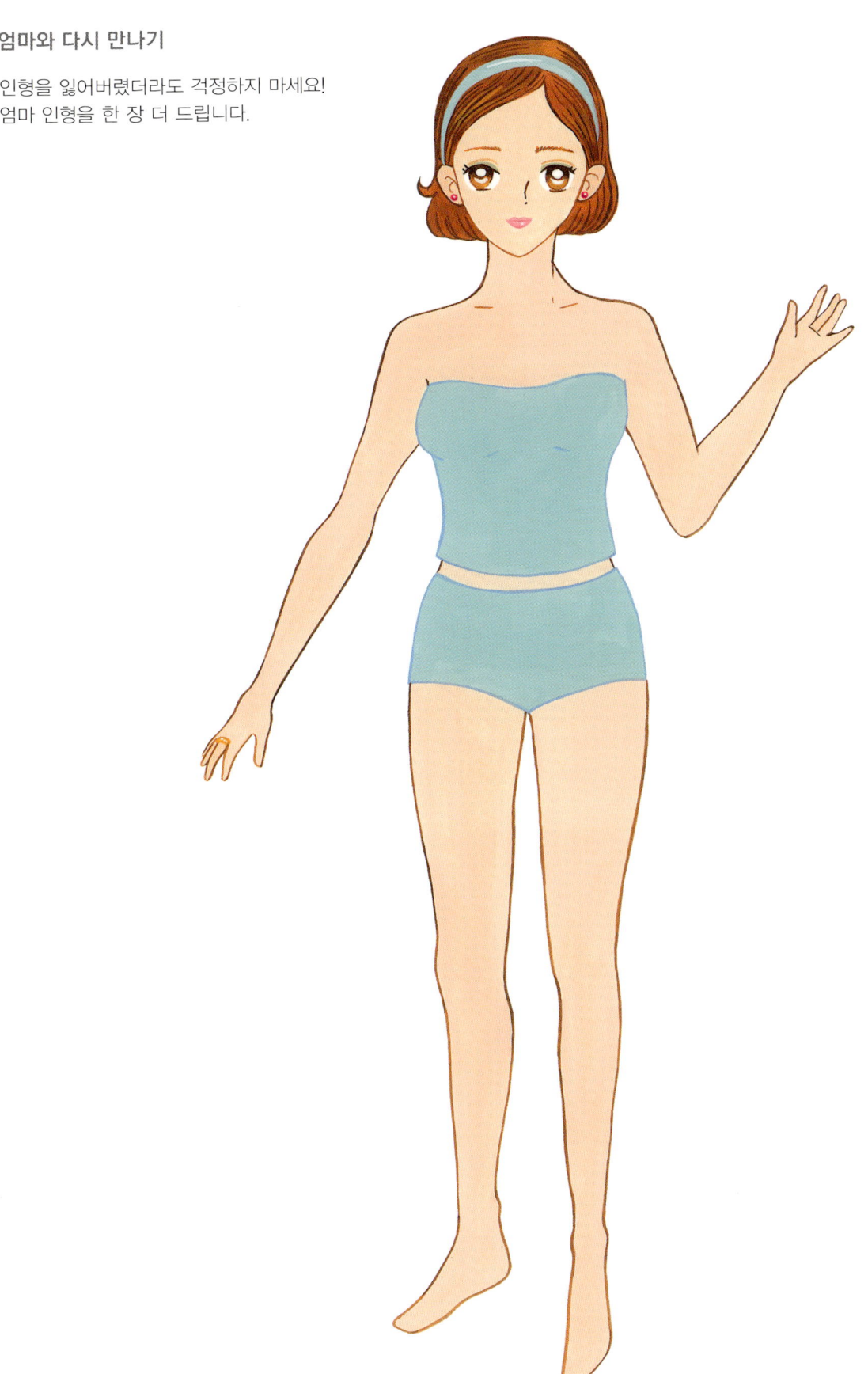

**봄이와 다시 만나기**

인형을 잃어버렸더라도 걱정하지 마세요!
봄이 인형을 한 장 더 드립니다.